STARMAP
SAGITTARIUS

射手座の君へ

All ready for your adventure !

鏡リュウジ
Ryuji Kagami

sanctuary books

無理してここにいなくていいんだよ。
気づいてる？
あなたは、もうとっくに準備できている。
いま、ここじゃない、
新しいどこかへ飛び出す準備。

どこへ向かうの？
と人は問うかもしれないけど、
そんなこと気にしなくていい。
あなたにとって、大切なのは、
飛び出すこと。

射手座は、矢だ。
「これ！」と思えば、
空を切って飛んでゆく。
真ん中に的中するかどうかなんて、
そんな些細なことにはこだわらなくていい。
精度より、タイミングとスピード。

射手座の冒険は、永遠に終わらない。
安定することが、あなたの幸せじゃない。
もっと楽しいところ、
もっとおもしろいところがあるのに、
いま、ここに、留まっている理由なんて、
ひとつもない。
何にも縛られず、とらわれず、
大空を誰よりものびやかに駆けめぐる。
駆けゆく、その姿が、みんなを魅了する。

これだ！って瞬間が来るまでは、
のんびり寝てたっていい。
おもしろそう。楽しそう。やってみたい。
その瞬間が来たら、躊躇なく矢を放て、
一気に飛び出せ。

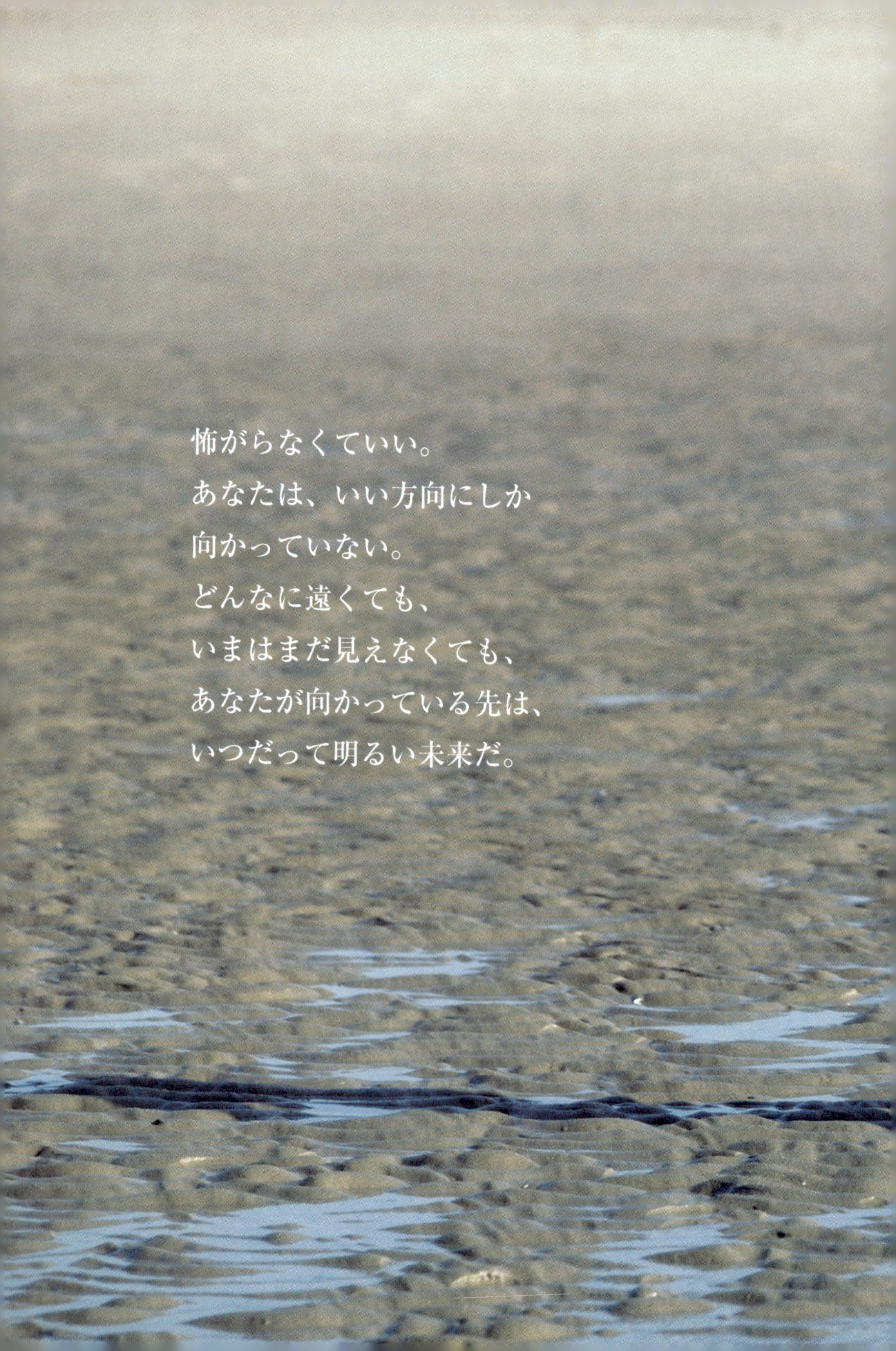

怖がらなくていい。
あなたは、いい方向にしか
向かっていない。
どんなに遠くても、
いまはまだ見えなくても、
あなたが向かっている先は、
いつだって明るい未来だ。

弓は、もう十分引きしぼられている。
いつでも、飛び出せる。

あなただけの冒険を、
さあ、始めよう。

射手座は、いつも遠くを見つめている。
遠い未来に向かって、旅している。
遠回りかもしれない。寄り道かもしれない。
そもそも、目的だってないかもしれない。
でも、それでいい。
旅すること。冒険し続けること。
それが、射手座のあなたが
いちばんあなたらしくいられる方法だ。
どんなに失敗しても、つまずいても。
ときには逃げてしまっても。
それでも冒険し続ける限り、
その先はまちがいなく
明るい未来につながっている。
射手座のあなたが、
あなただけの終わらない冒険に飛び出すための
31のメッセージを贈ります。

射手座のあなたが、

もっと自由に
もっと自分らしく生きるために。

STARMAP SAGITTARIUS

CONTENTS

STARMAP
SAGITTARIUS

やりたいことは何か?
やる気を出すには?

【夢／目標／やる気】

あなたの夢は何か？
やりたいことが見つからないときは？
あなたの心をワクワクさせるものは何か？
射手座のあなたが、向かうべき方向はどこだ。

STARMAP
SAGITTARIUS

1

思いっきり遠くを見よう

射手座のシンボルは弓をきりりと引きしぼり、矢を放とうとするケンタウロスの姿。射手座の魂はいつも矢のように宙に向かって飛び出そうとしている。あなたが今いる場所、今やっていることにしっくりきていないのも、その魂と無関係じゃない。

あなたの関心は今ここではなく、いつかどこか、まだ見ぬ未来に向かっている。一つ所での安住より常に新しい場所を求めている。今が不満なわけではないけれど、この先にもっとおもしろいことがあるんじゃないか、そう思わずにはいられないのだ。

人はあなたのことを夢見がちで地に足がついていないというかもしれない。でも、そんなことは気にしなくていい。あなたにとって重要なのは自分を今いる場所に縛り付けず、すでに見知ったものを軽々と捨てながら、常に未来に向かってゆくこと。そのことであなたは元気になれるし、魅力的な人でいられる。

どうせ未来に目を向けるなら思いっきり遠くを見よう。半年先や1年先でなく、10年先、20年先、あるいは遠すぎてまだはっきり見えないような先のこと。自分の能力や存在からかけ離れたところにある夢。自分にとって未知であればあるほどあなたのモチベーションは高まるし、それがどんなに壮大な夢でも、いったん目標を定めれば、そこにまっしぐらに向かっていける。

しかも、それは遠い未来での自己実現を約束するだけじゃない。車を運転するとき遠くを見た方が近くもきちんと走ることができるように、遠い未来の夢を見ることが目の前の日々の充実をもたらしてくれる。10年後の目標のための今、いつかいくあの場所のためのここ、そう考えるようになって、目の前の一分一秒が満足できる時間になっていく。さあ、弓をいっぱいまで引きしぼって。思いっきり遠くへ、あなたの矢を飛ばそう。

STARMAP
SAGITTARIUS

2

三日間夢中に
なるだけでいい

射手座は熱しやすく冷めやすい。これだ！と思ったらすぐに夢中になるけれど、少し時間がたつととたんに興味を失って、新しいものに目を奪われてしまう。
「飽きっぽい」「三日坊主」、そんなふうにいわれることも多いだろう。でも、射手座の場合はそれでいい。三日坊主でも全然かまわない。
といっても、いつか一生の夢に出会うためにいろんなことをやれ、といいたいわけじゃない。たとえば、牡羊座の場合は三日坊主を繰り返した結果、最後に長くやれる目標を見つけることがあるけれど、射手座はなかなかそんなふうにはいかない。
それでも三日坊主で大丈夫といったのは、射手座が夢中になっているその「三日間」がとてつもなく濃密な時間だから。興味がわくと、他の星座の人たちの何十倍もの集中力と情熱でそれを追いかける。そして短期間のうちに本質をつかんで、ある程度の成果をあげることができる。
三日坊主を繰り返していると、まわりから「目移りしていると何一つものにならないよ」とよくいわれるけれど、射手座にそれはあてはまらない。短期間で自分のものにする力があるし、その経験が確実に自信につながっていくのだ。
だから、あなたは安心して三日坊主を繰り返していけばいい。何かひとつのことを成し遂げる必要もない。一生かけて取り組める目標を探す必要もない。ただただ新しいことに出会って、飽きるまでは誰よりも夢中になること。その積み重ねがあなたをかたちづくっていく。

STARMAP
SAGITTARIUS

3

ふりまわされるくらいの
刺激を求めよう

刺激と自由を求める射手座は追いかけることが大好き。目標があれば、それに向かってまっしぐらに飛んでいく。でも、空を切り裂いて飛んでいった矢が的に刺さった後まったく動きを止めてしまうように、目標や夢を達成したと思ったとたん急に興味がうせて、やる気をなくしてしまう。
だったら最初から手に入りにくい夢、チャレンジングな目標を設定したらどうだろう。まだ誰も手をつけたことのないような企画、いくつもの障害を乗り越えなければならない課題、レベルの高いノルマが課されている仕事、恋愛だったら今の自分とはつりあいがとれそうにない無理めの相手……。
あるいは、たえず変化し、刺激を与え続けてくれるような世界に身をおくのもいいかもしれない。たとえば、新しいアイデアやイノベーションが次々生まれ続けているネットの世界や毎日毎日めまぐるしく変わる大自然、考え方や文化のちがう世界中のさまざまな人との交流。恋愛ならいつまでたっても謎めいたところのある相手……。
そういう実現困難なことやふりまわされるくらい刺激的な世界に向きあえば、いくら飽きっぽい射手座でも飽きることはない。むしろどこまでも努力と工夫を重ねて、どんどん自分をレベルアップしていくだろう。
あなたはみんなが怖じ気づくようなハードルの高いものをエネルギーに変えることのできる希有な星の下にうまれている。だから勇気をもって、チャレンジングなほうへ踏み出してごらん、きっとそこにあなたらしい未来が待っている。

STARMAP
SAGITTARIUS

4

攻めるときは
一気に攻めろ

単純に見える射手座の性格。でも、半人半馬のケンタウロスの姿が示すように、その内部には深い二重性が秘められている。相反するふたつの面が共存していて、時と場合によってそのどちらかが極端に表にでてくる。
たとえば、静と動。ふだんはおおらかでゆったり、物事に動じないのに、いったん火がついたら、ものすごいスピードでまっしぐらに目標に向けて突っ走る。
射手座が自分らしい未来を手に入れるためには、このふたつの相反する性格を使い分けて、そのときどきの流れにうまく乗っかること。たとえば、心に火がついていないときは、何をやろうとしても空回りするだけ。むしろ焦れば焦るほど何をやっていいかわからなくなる。だからゆったり構えて、のんびりしていればいい。でも、これだ！とピンときたら、流れに乗り遅れないように一気に攻めろ。躊躇は禁物。一歩ずつという慎重な姿勢も必要ない。やりたいことがあれば準備しないですぐに始めればいい。勉強したいなら迷わず第一志望を目指せばいいし、誰かとつながりたいと考えたら、即座にストレートにアプローチしよう。お店を開きたいと思ったら借金をしてでも最初から理想の店をつくるべきだ。
あなたにとって重要なのは、スタートダッシュ。少しでも躊躇したら勢いは完全にそがれてしまう。逆にスタートがうまくいったら、そのまま一気にゴールまで駆けぬけることができる。

STARMAP
SAGITTARIUS

5

旅するように生きよう

射手座はまるで「旅人」のようだ。自分の生き方を探しながら未知なものとの出会いを求め、いろんなことにチャレンジする。そして、ひとつの場所にたどりついたら、また次の場所に向かって歩き出す。
まわりはあなたを見て、いったい目的地はどこなんだろう？と首をかしげるかもしれないけれど、ほんものの旅人には目的地なんてない。旅そのものが目的なんだ。
あなたもきっとわかっているはずだ。喜びや生きる意味を感じるのは、何かを獲得することじゃなくて、そこまでのプロセス。どういうルートをどう歩き、何に迷い、どんな障害を越えて、誰に出会うか。それがあなたにとって一番大切なことであり、最高の財産になる。
だから、これからもプロセスを大事にして、旅するように生きていけばいい。
行きたいと思った場所に行き、途中できれいな風景やおもしろいものを見つけたら足を止めて、寄り道をしてみる。なんの役に立ちそうにもないことを必死でやってみるのもいいかもしれない。
どこにもたどりつかないんじゃないかなんていう心配はいらない。目的なんかなくたって、歩きまわったその「広さ」があなたの力になる。迷い、乗り越え、出会った数だけ、成長することができる。
そして、いつか小さな不安なんて消し飛んで「この世界のすべてが自分の庭だ」と思えるくらいに自由になれるだろう。その日まで、あなたの旅は続いていく。

STARMAP
SAGITTARIUS
WORDS

前進!
すべてがもう
始まっているのだ。

ルーシー・モード・モンゴメリ　作家、「赤毛のアン」作者
1874/11/30 生まれ

「険しい道　モンゴメリ自叙伝」(山口昌子訳) より

STARMAP
SAGITTARIUS
WORDS

明日何が起こるか
わかってしまったら、
明日まで生きる
たのしみがなくなって
しまうことだろう。

寺山修司　詩人、劇作家
1935/12/10 生まれ

「あゝ、荒野」より

STARMAP
SAGITTARIUS

あなたがもっとも輝くときは?

【仕事/役割/長所】

あなたに備えられた才能はなんだろうか？
あなたがもっとも力を発揮できるのはどんな場所？
あなたが世界に対して果たす役割は何か？
射手座のあなたが、もっとも輝くために。

6

見えないものを、
見えるようにする

画家のパウル・クレーの言葉に「芸術とは目に見えるものをあらためて提示するのではない。見えないものを見えるようにするのだ」というものがある。
実は、射手座には超越的なものに対する感度があるので、目に見えないものや精神的なものを感知することができる。
それは、「ただ感知する」「わかる人にはわかる」といったものではない。射手座の場合は、それをちゃんとみんなに見える形にすることができるのだ。
だから、キャッチフレーズを作ったり、ひと言で要約してしまうのもうまい。複雑で全体像が見えづらいものを言い表すことができる。
その力は、今の社会ですごく求められているもの。仕事ではみんなが何となく感じている空気や、みんなの求めているものを形にする力が求められる。それをどうやって形にしていくか。
世の中は複雑化、多様化する一方、空気を読むことやわかりやすさが求められている。
入り組んだ複雑なものを整理して、わかりやすくシンプルにしていく。
また、あなたはみんなが心の奥底で求めているものを作品やサービスにしていくこともできる。Suicaやスマホ、iPad、Webサービス……。登場するまでは誰も思い描いたことなかったけど、本当は心の奥底で求めていたもの。ニーズをくみ取るのではなく、みんなが気付いていない深いところでの欲望をキャッチする。
あなたが作ったものを見て、はじめて「こんなものが欲しかった！」と思えるものを、あなたなら作ることができる。

STARMAP
SAGITTARIUS

7

ルーティンのなかに新しさを探し出す

いつもおもしろいことを探し、マンネリやルーティンが苦手な射手座。
常に新しい経験を求めているので、何日も同じランチが続いたり、9時5時の単調な生活や事務作業が続くなんて耐えられない。
だから、たとえ経済的、体力的に厳しかったとしても、自分の裁量で決めたいのでフリーでやりたいという気持ちが強い人が多い。
でも、その一方で地道に積み重ねていくような仕事やルーティンワークが必要な仕事で成功している射手座もたくさんいる。
そういう人たちに共通しているのは、そのルーティンや日々の仕事のなかで新しい発見をしているということ。
毎日同じように思える仕事のなかでも、新しい課題が見つかったり、新しい困難にぶつかったり。新しい喜びを得ることもあるし、新たなテーマを見出すことができる人もいる。
書類整理をするときでも、ファイルの種類を変えてみたり、後で探しやすいように工夫して収納してみる。
コピー取りでも、いかにムダな時間をなくすか考えてゲーム性を取り入れてみたり。
いろいろな工夫を凝らしながら、周りの反応を見て喜びを感じたり、楽しむことができる。
仕事のなかに、自分らしさや自分だけの特別な楽しみを見出していくことができるのだ。
あなたもそんなふうに、いつも新しい課題に挑み続けよう。

STARMAP
SAGITTARIUS

8

野性と理性を使い分ける

射手座を象徴するのは、半人半馬のケンタウロス。そもそも、野蛮で荒々しい存在と考えられていたケンタウロスは、野生の象徴とされてきた。しかし、射手座のケンタウロスはそのなかでも医学や音楽に秀で、精神性が高い知的な存在だったケイローンの姿だといわれている。
あなたのなかにも、理性と野性。精神性と肉体性といった、両極端なものが混在してはいないだろうか。
射手座は、ケンタウロスの肉体性とケイローンの精神性を兼ね備えている。だから、あなたのなかには文化系と体育会系、理性と野性、両極のメンタリティがあるはず。センスが良くてアイデアがあふれているところと、すごく単純で猪突猛進、行動力があって、押しが強いところが混在している。
仕事ではこのどちらもが必要で、両方をうまく使い分けられる人が強い。いくらセンスがあっても、行動力がなければ実現できない。猪突猛進で押しの強さがあっても、アイデアがなければおもしろいものは作れない。
ここでポイントになるのは、理性と野性を中和させてしまうのではなく、その局面でうまく使い分けること。
そのためにも、アイデアを考えるときや芸術に親しむとき、表現を詰めていくときは思いっきり文化系に。逆に人を説得するときや人にものを売り込むとき、窮地に陥ったとき、人を巻き込んだり何かを始めるときは、体育会系で行く。
あなたのなかに眠る理性と野性をどう使い分けるか。それが、成功のカギだ。

STARMAP
SAGITTARIUS

9

コラボレーションしよう

射手座は、すごく自由な魂を持っている。何ものにも縛られない、すごく柔軟な精神を。
だからこそ、相手の自由も許すことができる。
いろんな人と、自由なままで響きあえる。
世の中には、自分にないものがあったらそれを悔しがってがんばったり、自分の世界にあるものだけでどうにかしようとする人がいる。
しかし、射手座はちがう。
自分のなかに実現するための方法や手段、能力がなくても、やりたいことがあれば平気で他の人を巻き込んでいける。
だから、もし自分の手に負えないことや専門分野では補えないものが出てきたり、自分のレベルよりもう一段上のことがやりたくなったら、他ジャンルの人と積極的にコラボしていこう。
異業種交流会のようなものにも、どんどん参加していく。
もし食品メーカーに勤めているなら、まったく関係ないITや鉄鋼のような業界の人と交流してみる。ファッションが好きなら、ミュージシャンを目指している人とコラボしてファッションショーをしてもいいし、カフェをやっているなら、雑貨屋やギャラリーとコラボするのもアリだ。
単に勉強になるということじゃなく、一緒に組むことによって新しい何かが生まれる。
射手座は、人との違いをおもしろがりながら、そこに生まれるチャンスをつかむことができるのだ。
そのチャンスの種を増やすためにも、積極的にコラボしていこう。

STARMAP
SAGITTARIUS

10

細かいことは
後回しでいい

理想が高くて情熱的。思いついたらすぐに始めてしまう。そんな射手座だから、行動力はあるけど、そのぶん細かいことが抜けていたり、最後の詰めが甘かったり、全然整理されていなかったりすることがある。あなたはそれを「些細なこと」「どうでもいいこと」と思って忘れてしまうことがないだろうか。

まわりの人は「詰めが甘い」と責めるかもしれないが、そんなこと気にしなくていい。

あなたには何が大事なのかを見抜く力があるし、それに向かって真っすぐ突き進んでいけば、必ず成功へと導かれる。

それが何よりも大事なのであって、ほかのことはあなたの言う通り「些細なこと」なのだ。

だから、そんなものは後回しにしてしまっていい。

車を売るのがすごくうまかったり、ヒット商品のアイデアを次々思いつく人でも、経費の計算はできなかったりする。たしかに、経理の人には怒られるかもしれないけど、放っておけばいい。

クビになりそうになったり、本当に必要になったら、ちゃんとできる。細かいことでも、積み重なってシリアスな問題に発展したら、そのときは持ち前の瞬発力を発揮して解決できるのだ。

もしくは、普段からあなたの抜け落ちている部分をフォローしてくれる味方をつくろう。あなたには、指南役も相談相手もライバルも必要ない。必要なのは、あなたのことが大好きで、あなたの抜け落ちている細かいところをフォローしてくれる人。そんな味方がひとりいれば、あなたは雑事に心や時間を奪われることがなくなる。そうなれば、あなたはもっともっと遠くに行ける。

STARMAP
SAGITTARIUS
WORDS

間違えたって
いいじゃない、
機械じゃ
ないんだから

フジコ・ヘミング　ピアニスト
1932/12/5 生まれ

「音楽家の名言」（檜山乃武）より

STARMAP
SAGITTARIUS
WORDS

みんな、「なんだってあいつは
遊園地なんか作りたいんだ」
と首をひねったようですが、
僕はちゃんとした理由が思い
つかなくて——ただ作りたいと
思った、それだけだったんです。

ウォルト・ディズニー　アニメーター、プロデューサー、実業家
1901/12/5 生まれ

「ウォルト・ディズニー　創造と冒険の生涯」
（ボブ・トマス著、玉置悦子、能登路雅子訳）より

STARMAP
SAGITTARIUS

何をどう選ぶか?

【決断/選択】

人生は選択の連続だ。
今のあなたは、
過去のあなたの選択の結果であり、
今のあなたの選択が、
未来のあなたを作る。
射手座のあなたは、何を選ぶのか。
どう決断するのか。

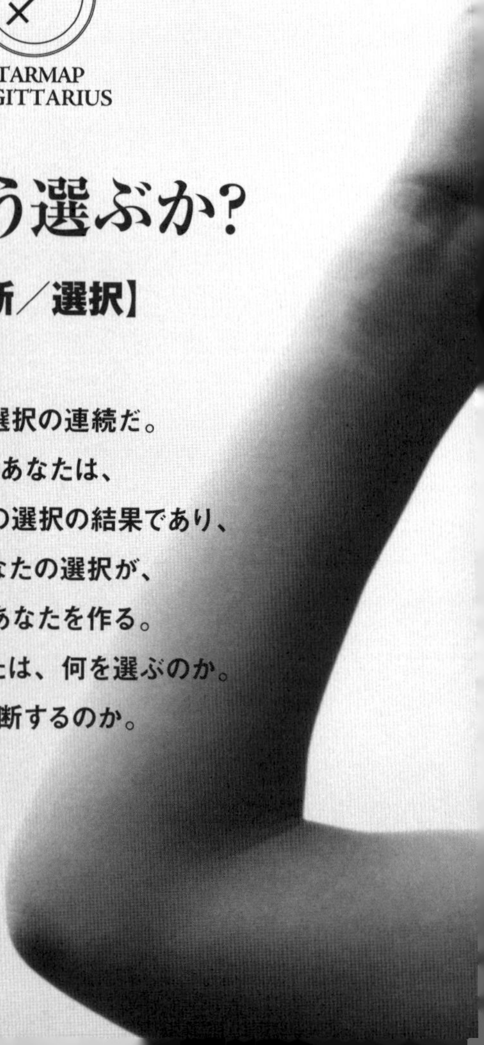

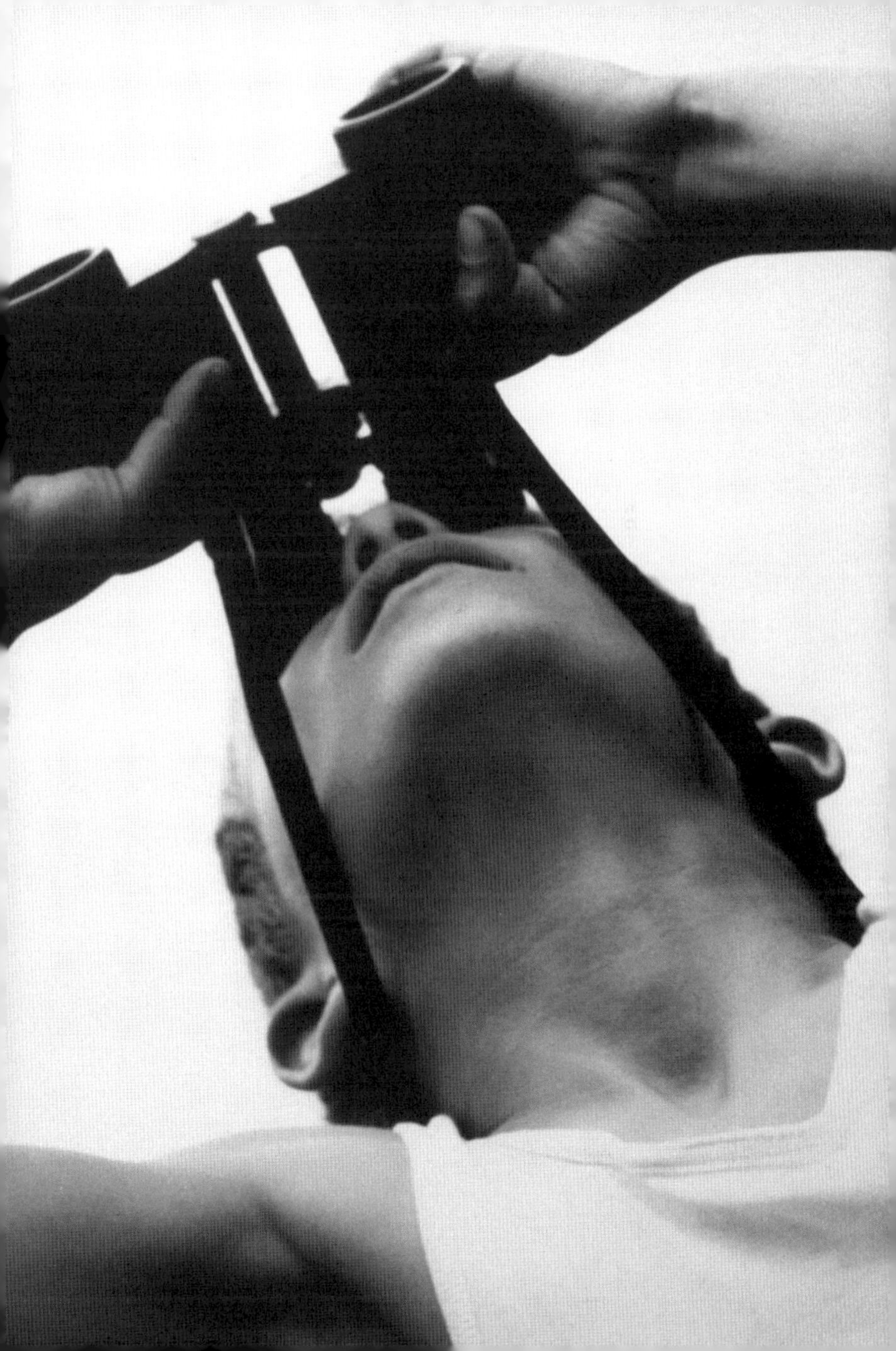

STARMAP
SAGITTARIUS

11

野性の勘を信じろ

野生の象徴とされてきたケンタウロスが示す通り、射手座は本能や野性の力がものすごく強い。
だからこそ、どんな複雑なことでも一瞬で本質を見抜けるし、まだ形になっていないものでも、それがいったい何なのかわかる。
それは霊的と言うよりも、射手座のなかに眠る野性の力。
たとえば、動物が地震を予知できたり、ハチが木の下のほうに巣をつくった年は台風が多かったりする。
そういった動物的な直感が、あなたにもある。
理屈で考えるのではなく、見ただけで感じる何かが。
それに従っていけば、絶対に失敗することはない。
それは、自分がすごく楽しいと感じる方向へ、わくわくする方向へ導いてくれるもの。
自分の魂が本当に満足できる方向へと導いてくれる答え。
だから、もし迷ったときは１番最初に思った答えに戻ろう。
それこそが、あなたの野性が教えてくれた答えだ。
最近、そういう直感が働いていないなと思うなら、それは情報過多で、常識や既成概念にとらわれてあなたのなかの野性が鈍っているのかもしれない。
そんなときは、いったん情報を捨ててすごくシンプルな生活をしてみよう。
身体を動かしたり、瞑想したりしながら、五感を研ぎ澄ましていく。
そうやって野性を取り戻したなら、あとはそれに従って進むだけだ。

STARMAP
SAGITTARIUS

12

見切り発車をしよう

何かを始めるとき、みんなはまずメリットやデメリットを考えたり、いろいろと準備しようとする。
しかし、射手座にはそんなこと必要ない。
あなたの場合はどんなに細かく考えたつもりでも、必ず抜けがある。どんなに周到に準備したとしても、完璧な準備なんかできないからだ。
そんなことよりも、あなたが大切にすべきなのはそのときの勢いや情熱といった瞬発的なエネルギー。それを逃さないこと。
あなたにとっては、矢と同じように、発射するときのエネルギーが何よりも大事。
中途半端に準備しても、そのエネルギーがなければ結果的に失敗してしまう。
準備なんかそこそこでいいから、とにかく「やりたい」と思ったときに見切り発車でやってみること。
たとえ見切り発車でも、あなたは大筋では間違わない。矢を放つ方向は天性の勘が知っているので、飛び出す方向を間違えることはないからだ。
もちろん、細かいところでは計算違いをしていたり、間違えていることもあるかもしれない。やり始めてから課題が見えてきたり、うまくいかないことも出てくるけど、それは修正できる範囲内のこと。その都度修正していけばいい。
あなたには失敗をリカバリーする力もあるし、そもそも失敗を失敗とも思わないところがある。
だから、何も恐れずどんどん見切り発車していけばいい。

STARMAP
SAGITTARIUS

13

嫌いなことは絶対にやらない

射手座のあなたは、義務で何かをできるタイプじゃない。
まったく違う価値観のことや全然趣味じゃないことを、イヤイヤやれるような人間じゃないのだ。
だから、嫌いなことはやらないほうがいい。
嫌いなことをやっても、あなたの頭には全然入ってこないし、身につかない。結果的に、うまくいかないことのほうが多いのだ。
そうなると周りの信用もなくすし、自信をなくすことにもつながってしまう。
どんどんストレスが溜まっていって、非生産的な享楽や浪費に走ってしまうこともあるかもしれない。
そうすると、ますます嫌になって、本当にやらなきゃいけないこともできなくなってしまう。いつかやらなきゃいけないこと、いつかやれること、いつかやる気になること、いつか好きになれることもあるかもしれないのに、義務感だけで中途半端に手を出すと、その可能性までつぶしてしまう。本当に嫌いになって、できなくなってしまうかもしれない。
こうなってくると、あなたは「できない自分」にフォーカスするようになり、自分に対するネガティブな感情がどんどん高まっていく。射手座らしい本来の明るさやポジティブさ、おおらかさが失われてしまうのだ。
だから、あなたにとって嫌いなことを無理矢理やるのは、本当によくないこと。たとえ好きなことができなくてもかまわないから、嫌いなことだけはやらないほうがいい。
複数の選択肢で迷うことがあったら、とにかく嫌いなものから省いていこう。

STARMAP
SAGITTARIUS

14

明るいほうを選べ

物事にはすべて、2つの面がある。明るい面と暗い面。楽観的な部分と悲観的な部分。善と悪。
そのどちらにフォーカスするかによって、判断は変わってくる。
射手座の場合は、ただひたすら明るい方を選べばいい。
現状を楽観視して未来はもっと良くなると信じ、明るいということだけを判断基準に進めばいい。
どちらか一面だけを見るのは浅薄だという見方もあるし、2つの面があるのは事実。
人間の世界はもっと不条理だということもわかっているけど、あえて明るい方だけを見ればいい。
星座によっては、闇を自覚することで深みが出て、魅力を放つものもあるけど、射手座の場合は明るいほうへ明るいほうへと進むことで力を発揮できる。
射手座の根底には、魂の明るさがあるのだ。
正しいことなんてどこにもない。どうせいつかは死ぬといったニヒリズムとは真逆で、世界はもっと良くなると信じている。実際、射手座的な考え方で選択してゆくことで現実が明るくなってゆくこともある。
浅くても薄くてもいいから、とにかく明るいほうへ進もう。
今の時代は暗い時代で、ネガティブな空気に包まれている。放っておいても、暗い方向へと引っ張られてしまう時代。そのなかで、カラ元気でもいいからバカみたいに明るいほうを選ぶということに意味がある。
それができるあなたの存在は、とても大切なものだ。

STARMAP
SAGITTARIUS

15

あれも、これも
思いつきにも偶然にも
乗っかれ

射手座はとても欲張りな星座。
ひとつのことを追いかけていても、何かおもしろいことがあるとそっちに気持ちがいってしまう。心の声は、いつでもあなたに「何かおもしろいことはない?」と問いかける。おもしろいことをやっている最中ですら、他のおもしろいことを求め、それが見つかるとすぐに飛びついてしまう。
まわりの人は「いろんなことに手を出しすぎ」とか「収拾がつかなくなる」と言うかもしれない。
でも、そんなことは気にしなくていい。
たしかに、もしもあなたがひとつのバッグだとしたら、そんなに詰め込み過ぎるとすぐにパンパンになって張り裂けてしまうかもしれない。
だけど、あなたの能力やキャパシティ、人としてのあり方は、バッグみたいな固定的な大きさのものじゃない。
あなたの場合、何かに興味を持って動いたこと自体が財産になる。動くことで幅が広がっていくし、動けば動くほど大きい人間になれるのだ。だから、あれもこれもやっていい。むしろ、いっぱい手を出していこう。
寄り道したってかまわない。
フラメンコ教室に通おうと出かけて、途中の空手教室が気になったなら、空手教室に行っちゃえばいい。商品開発の途中で別の商品のアイデアが思い浮かんだら、そっちも作り始めてしまえ。
とにかく動いて動いて動きまくることで、あなた自身をどんどん広げてゆこう。

STARMAP
SAGITTARIUS

WORDS

何か悪いことをして、
どうなるか試してみたい、
もう一歩踏み込めば
何が起こるのか
確かめてみたい

テリー・ギリアム　映画監督
1940/11/22 生まれ

「テリー・ギリアム―映画作家が自身を語る」
（イアン・クリスティ編、廣木明子訳）より

STARMAP
SAGITTARIUS
WORDS

自然体でいることには
自信があるの。
ただ好きな格好をしていたら
それが受け入れられただけ。
好きなファッションをしていたら
自然に自分のスタイルが
確立されていったの。

ジェーン・バーキン　女優
1946/12/14 生まれ

「Jane Birkin　perfect style of Jane B.」より

STARMAP
SAGITTARIUS

壁に
ぶつかったとき、
落ち込んだとき。

【試練／ピンチ】

あなたの力が本当に
試されるのはいつか？
失敗したとき、壁にぶつかったとき、
落ち込んだとき……。
でも、大丈夫。
あなたは、あなたのやり方で、
ピンチを脱出できる。

STARMAP
SAGITTARIUS

16

“なんくるないさ”の精神で

射手座は、もともと楽観的な星座。どんなに厳しい状況でも、乗り越えられるような力がある。「自分は絶対失敗しない」と心のなかで思っているし、そもそも失敗することなんて考えていない。
楽観的なのは、射手座のいいところ。たとえば、崖っぷちに立たされたとき、1度でも失敗するイメージが頭をよぎれば、足がすくんでしまってバランスを崩し、落ちてしまう。でも、逆に「自分は落ちたりしない」と思っていれば、平然とその場所を歩ける。
射手座の魂には、本来その楽観性がある。
だから、もしあなたが落ち込んでいるのなら、あなたのコアにある楽観性が損なわれているのかもしれない。
そんなときは、沖縄の「なんくるないさ」という言葉を思い出してみよう。
なんくるないさの意味は、「なんとかなるさ」だと思っているかもしれないが、実はその前に「正しいことをやっていれば」という意味がつく。つまり、正しいことに向かっていれば何とかなるさという意味になるのだ。
射手座のあなたも、前に向かっているときこそ楽観的になれる。
言い換えると、前に向かっていなければあなたの楽観性は生きないということ。
前を向いて「なんくるないさ」の精神になるためには、やりたいことを見つけるのがいちばん。やりたいことをどんどん書き出してみよう。
落ち込んだときこそ、前を向いて遠い未来を見つめるのだ。夢や目標、理想に向かって、矢のように飛んでゆけ。

STARMAP
SAGITTARIUS

17

アイデアで乗り越えろ

どんなに前向きで楽観的な射手座でも、痛みは感じる。
失恋したり、仕事や受験で失敗したり、挫折したら、落ち込んでしまうこともあるのだ。
でも、射手座の場合は過去への執着よりも、未来に対するワクワク感や新しい刺激への期待のほうが強いから、それによって過去の痛みを乗り越えることができる。
だからつらいことがあったら、思いっきり楽しいことや今だからこそやってみたいことを考え、実際にやってみよう。
いっぱいお酒を飲んだり、大好きなものを好きなだけ食べたり、友だちを誘ってカラオケで騒いでもいい。
なんだったら、その失敗や傷自体をネタにしてしまってもいいのだ。たとえば、離婚や失恋をしたなら、離婚パーティーや失恋記念パーティーを開いてもいい。
その企画を考え準備している間に、なんだか楽しくなってきて離婚も失恋もどうでもいいことに思えてきてしまう。
また、仕事がうまくいかなくなって会社をクビになったなら、「失業旅行」に出かけてみたり、そのことをネタにした「無職日記」をブログで書いてみる。それを書くことやみんなの反応を見ることで、挫折感も消えてしまうかもしれない。
とんでもないことをやらかして、知り合いやまわりの人間の顰蹙を買ったなら、みんなから責められるような会を自ら主催してしまうのもアリだ。
そうやってあなたならではのアイデアや思いつきでイベントに変えてしまうことで、あなたの痛みは知らず知らずのうちに消えてしまう。

STARMAP
SAGITTARIUS

18

まなざしを「今」に戻してみる

いつもはるか遠くを見つめ、目指しているあなた。
それは、遠くを見れば見るほどやる気が出てくるから。
でも、ときどき疲れてしまう。
理想が高いので、今の自分とのギャップにさいなまれたり、周りに自分のことを必要以上に大きく見せようとして、本当の自分との整合性が取れなくなる。
遠くを見すぎるせいで、結果的に自分を見失ってしまうことがあるのだ。
そんなときは、遠くを見るのはやめて、今目の前にある等身大の自分を見つめてみよう。
今の自分にやれること。今の自分がすぐにできることは何か、書きだしてみる。
それを1つ1つ確実にやっていくことで、自信を取り戻していこう。
カフェやレストランをやりたいと思っているなら、ホームパーティーを開いて料理を振る舞う。
スポーツで上を目指している人なら、もう1度自分のフォームを見直したり、子どもたちの指導をしてみる。
世界中の人を感動させるような音楽をつくるミュージシャンになりたいと考えているなら、自信をなくしたとき、すごく身近で大切なたった1人に届く歌を歌ってみる。
そうやって「今」を見つめていれば、落ち込みや障害に立ち向かうヒントが見つかるかもしれないし、またもう一度遠くに向かって飛ぶためのエネルギーがわきでてくる。

STARMAP
SAGITTARIUS

19

現実に背を向けて、旅に出かけよう

根本的には、楽観的でチャレンジ精神があり、なんでも楽しめるあなた。でも、そんな射手座にもどうしようもない現実が目の前に立ちはだかってくることもある。
そんなときは、思い切ってその現実に背を向け、旅に出かけよう。
もともと、壁にぶつかると今まで築き上げてきたものや持っているものを、全部なげうってどこかに出かけたくなるような旅人気質なところがある。
文字通り旅に出かけるのもいいし、それが無理なら部屋のなかでもいろんなことを思索して心の旅に出よう。
人はそれを「逃げだ」と言うかもしれないけど、逃げでもいい。
たとえ逃げだとしても、あなたは立ち止まっているわけではないし動き続けている。
あなたは、悩んだり迷ったりしながら動いたこと自体が財産になるのだから、ひたすら逃げればいい。
他の星座だったら、背を向けて逃げることに引け目を感じて自己嫌悪につながったり、マイナスのスパイラルに陥ってしまうかもしれない。
でも、射手座は悪びれることなく堂々と逃げ回れる。逃げながらも、いろんなものを吸収してゆける。実際に旅をすれば、いろんな出会いがあるし、本当の人生の目的が見えてきたりする。
かつて直面した壁がちっぽけなものだと気づいたり、ときには具体的な解決策が見つかることもあるだろう。
そこで新たな壁にぶつかったら、そのときはまた逃げればいい。

STARMAP
SAGITTARIUS

20

変えられるものは
全部変えてみよう

射手座のあなたが落ち込んでいるとき。
それは、具体的な悩みがあったり、障害がある、壁にぶつかっているというより、実はマンネリ状態になって飽きてしまっていることが多い。
常に新しい刺激を求めている星座だから、退屈なルーティンが続くと元気がなくなってしまう。
だから、そういうときは、自分が飽きていることや、自分を退屈させているもの、マンネリさせているものが何かを探せばいい。
そして、それを変えてしまうのだ。仕事に飽きているなら思い切って転職してもいいし、人間関係で悩んでいるなら新たに交友関係を広げてみる。
もし、何を変えたらいいのかわからないときは、小さなことでもかまわない。お風呂に入るときにいつも頭から洗っていたなら、足から洗ってみる。携帯の待ち受けを変えるだけでもいい。
すごく行き詰ったり、いっそもっと劇的にエネルギーを充填させたいと思うなら、変えられるものは何もかもすべて変えてしまおう。今まで築き上げた評価や業績、自分のコミュニティ、持っているものは全部捨てて、全部変えてしまう。
そうすることによって、また新たに興味ややる気がわいてくる。
自然と新しいエネルギーも出てくるだろう。
そのエネルギーで、あなたはまた新しい未来に向かって飛んでゆける。

STARMAP
SAGITTARIUS
WORDS

なまけ者で臆病で、そういうのび太的部分というのは程度の差こそあれ誰もがかかえこんでいるんじゃないかな。僕はやっぱり、のび太は劣等生だから駄目みたいな、ただの笑いの種にして突っ放すということはできない。

藤子・F・不二雄　マンガ家
1933/12/1 生まれ

「キネマ旬報」（1990 年 3 月下旬号）より

STARMAP
SAGITTARIUS
WORDS

ひざまずいて戦うより、
立ち上がって
戦ったほうがずっといい。
だが、ひざまずいても
戦えるものだ。

アレクサンドル・ソルジェニーツィン　作家
1918/12/11 生まれ

「人生を切り拓く」（サファイアほか著、隈部まち子訳）より

STARMAP
SAGITTARIUS

あなたが愛すべき人、あなたを愛してくれる人は誰か?

【人間関係／恋愛】

あなたが愛すべき人はどんな人か？
あなたのことをわかってくれるのは誰？
あなたがあなたらしくいられる人、
あなたを成長させてくれる人。
彼らとより心地いい関係を結ぶには？

STARMAP
SAGITTARIUS

21

あなたは、開いている

知らない人だらけの場所や初めて行ったお店。そういうところで、あなたはどんなふうに振る舞うだろう?
リラックスして普段通りに振る舞うことができるとしたら、あなたは典型的な射手座。
なかには、初めての場所が苦手で、知らない人に会ったら緊張するという射手座もいるだろう。
でも、それは単にその状況に慣れていないだけ。
射手座は本質的に、開いている。
それはなにも、誰とでもうまく会話ができるとか、積極的に立ち回れるということではない。
外の世界に向けて開いていて、他人をそのまま受け入れるし、自分をそのまま素直に出すことができるということ。
いくらうまく話せたり、積極的に動けたとしても、相手とつながれない人はたくさんいる。
でも、射手座の場合は根本的に開いているから、みんなに好かれるし、みんなとつながることができる。
それに、自分も知らない人と出会うことをおもしろいと思える。
開いていることこそが、射手座の人間関係におけるアドバンテージ。
だから、全然しゃべれなくてもかまわないし、ずっと黙っててもいいから、とにかく知らない人と出会える場所に足を運ぼう。
旅行に行ったら、地元の人が集まるようなお店に行ってみる。
ジムや料理教室などに通ってみるのもいいし、ライブやオフ会、異業種交流会、イベントにも積極的に参加しよう。
知らない人と出会えば出会うほど、あなたはどんどん成長できる。

STARMAP
SAGITTARIUS

22

無理めな相手に恋しよう

好かれるより好きになるほうがいい。簡単には手に入らない恋のほうが燃えてしまうことが多い射手座。なかには、芸能人やアーティスト、身近にいない遠い存在を追いかけてしまう人もいる。でも、射手座の場合はそれでいい。何かに向かっていくときのプロセスにこそ喜びを感じるあなただから、簡単に手に入ってしまうとすぐに冷めてしまう。むしろ、その憧れが恋のエネルギーに変わる。手の届きそうにない相手に手を伸ばすこと。それが力になるし、あなたを成長させることにもつながる。

射手座にとっては恋もまた、新しい何かをもたらしてくれるもの。新しい価値観、新しい刺激、新しい発見をもたらしてくれる。それは、安定とか安らぎといったものではない。

だから、常に自分を刺激してくれるような、無理めな相手に恋し続けよう。自分よりもものすごく能力やスキルが高くて尊敬できる人。みんなが振り返るくらいの美人やイケメン。いろんな障害やリスクのある相手。付き合ってもずっと謎がある神秘的な人。そういう人と付き合うことで、あなたは成長する。

本当に手の届かない相手に恋して、本気で追いかけていく人もいるけど、それもあり。他の有名人の追っかけは、たんなる代替行為だったり自己愛の変形だったりすることも多い。でも、射手座はそういう相手に本気で情熱を傾けることができ、相手のレベルが高ければ高いほどそれに合わせて自分のレベルも上がってゆく。その結果、ファンから本当に結婚してしまうケースもけっこうある。そこまではいかなくても、自分もアーティストや表現者になったり、同じ業界に足を踏み入れる人もいる。

だから、最初の一歩の憧れを消しちゃいけない。射手座の恋は、憧れから始まる。

STARMAP
SAGITTARIUS

23

あなたが愛すべき人

これと思ったら、すぐやりたい！　そんなあなたの夢ややる気を制止することなく、一緒に飛び出してくれる人。同じように熱中してくれる人。そんな人となら、あなたはますます何かに燃えることができるし、どんな大きなことでもできる。そんな気持ちになれるだろう。
何かをやろうとするときにブレーキをかけられると、あなたは窮屈に感じてしまうだろう。あなたとリズムやエネルギーが似ている人となら、思っていることがすぐ伝わったり、一緒にいると悩みも吹き飛ぶような、楽しくて明るい関係を築ける。
でも、あなたがそれ以上に愛すべきは、「ちがい」。
リズムやスピード感が似ていても、趣味や興味の持ち方にちがいがある人。本のこと、映画のこと、音楽のこと、スポーツのこと、いろんな話ができ、その人との関係性に対するあなたの興味やテンションが停滞しない。
それに、もっと大きな意味で価値観がちがう人とも、あなたはいい関係を作っていくことができる。あなたが忘れがちな、細かいことや、微妙な感情をすごく大事にする人。もしかしたら、あなたはそういう人のことを、窮屈に感じたり、めんどくさく感じたりするかもしれない。だけど、あなたが現実的なピンチに直面したとき、あなたの力になるのは、そういう人たちだ。あなたの楽しい思いつきやアイデアが形になるよう細かいことをフォローしてくれたり、悩み深いときに細やかに接してくれたり。彼らは、あなたに新しいものの見方ももたらしてくれる。
窮屈に感じたり、めんどくさいと思っても、焦らずにのんびりと関係を深めてみよう。そのプロセスもまた、あなたを飽きさせず、そして成長させてくれるから。

STARMAP
SAGITTARIUS

24

あなたを本当に愛してくれる人

いつも明るくて、悩みとかなさそうだね。人の痛みとかわからないよね。そう言われて、そんなことないんだけど……と思ったことはないだろうか。

たしかに、根本的には、楽観的で前向きな射手座。実際、その根本的な明るさはあなたの武器だ。

だけど、射手座が何も考えてないかというと、そういうわけではない。あなたは、楽しいことがいつまでも続かないことや、自分の力でどうにもできないことがあること、人が根本的にひとりであることも、知っている。

むしろ、あなたは、ほかの人たちより、もっと深いところで考えている。

あなたは何かに悩んでいたとしても、自分ひとりで抱え、ほかの誰かにそのまま吐き出すことはしないだろう。その悩みは、あなただけの根源的な悩みで、誰かとかんたんに共有するようなものではないから。

あなたを本当に愛してくれる人は、そのあなたの孤独や根源的な悩みを理解してくれる人。

理解といっても、あなたの心に立ち入ってくることではない。それはあなたも望んでいないだろう。

立ち入らないけど、そばにいてくれる。あなたが苦しいとき、何も言わず、夜のドライブに連れ出してくれたり、ふらっと知らない町に誘ってくれたり、並んで寝転がって一緒に空を眺めてくれたり……。

そうして、あなたがまた自然に開いてゆくのを、そばでただ待つ。

あなたを本当に愛してくれる人は、あなたの言葉にならない思いを、そういうふうにわかってくれる。

STARMAP
SAGITTARIUS

25

新しい相手じゃなく、
新しい関係

木星の神・ゼウスを守護星にもつ射手座は、浮気性だとよく言われる。たしかに、放たれた矢のように何かに向かって飛んでいるときにこそ充実感を得られるあなただから、的に当たってしまうとその瞬間に力をなくしてしまう。
だから、成就した恋には関心を失ってしまうし、そのすぐあとには新しい刺激を求めてしまうのだ。
そんな一面があるのは事実だし、それは射手座の欠点だろう。
では、射手座はひとりの人を長く愛し続けることができないのか。
誰かと、一生続く運命を共にすることはできないのだろうか。
そんなことはない。
人は、どんな人もそう簡単にすべてを理解できるものではないのだ。とても深いつながりだとしても、時間の経過とともにまた新たな顔が出てくる。
長く付き合っている相手でも、思わぬときに「こんな一面があったのか」とハッと驚かされることもある。
イニシアティブをとっていた支配的な男性が、相手の女性の力強い母性に惹かれ、身をゆだねる快楽や守られている安心感に浸るようになる。性的な関係だったものが親友のように何でも話せる関係に変わるように、お互いの変化によって関係性も変わってゆく。
ひとりの人を愛し続けられるかどうかは、それをあなたが発見できるかにかかっている。相手の新しい変化を発見し、その変化に応じた刺激的な関係を築けるか。
相手の微妙な変化に気づくようになって、同じもののなかに新しいことを見出せるようになることが、射手座の魂が成熟した証。

STARMAP
SAGITTARIUS
WORDS

大好きって
あの赤毛の女の子に
話しかける勇気を
もちたいと願うこと。

チャールズ・モンロー・シュルツ　スヌーピー作者
1922/11/26 生まれ

「スヌーピーの大好きって手をつないで歩くこと」
（谷川俊太郎訳）より

STARMAP
SAGITTARIUS
WORDS

大人というものは
どんなに苦労が多くても、
自分の方から人を
愛していける人間になる
ことなんだと思います。

いわさきちひろ　画家・絵本作家
1918/12/15 生まれ

「大人になること」(「ひろば」53 号　1972 年 4 月) より

STARMAP
SAGITTARIUS

あなたが
あなたらしくあるために
大切にすべきこと。

【心がけ／ルール】

自分らしさって何だろう？
誰もが、もって生まれたものがある。
でも、大人になるうちに、
本来の自分を失ってはいないか。
本来もっているはずの自分を発揮するために、
大切にするべきことは？

STARMAP
SAGITTARIUS

26

結果を急がず、
途中経過を楽しもう

旅人のようにずっと何かを探し続けているあなた。でも、その一方で射手座はとてもせっかちなところがあるから、すぐに答えや結果をほしがってしまう。
答えをほしがればほしがるほど、結果にとらわれればとらわれるほど、あなたがほんとうに探し続けているものは見つからない。むしろ焦りがつのって、空回りするだけで、どんどん遠ざかっていく。
なぜなら、射手座がほんとうに求めているものはゴールじゃなくてプロセスにあるから。どんなルートをたどって、どんな障害があらわれ、だれに出会い、どんなハプニングが起きるか。それが射手座に生きる喜びを与えてくれる。
だから、何かを始めるときも結果を急がす、途中経過を思い切り楽しもう。準備が必要ならどれだけ入念に準備できるかを楽しみ、障害があらわれたら乗り越えるための試行錯誤にワクワクする。失敗したらその原因を探すことをゲームにして、誰かに出会ったらとにかく仲良くなってその人のことをいっぱい知ろう。途中でおもしろいことを見つけたら、いきなり今までとはちがうことを始めたっていい。
そうやって目的やゴールを考えずに途中経過に集中していけば、あなたはもうストレスなんて感じない。どんどんモチベーションが高まって、いろんな新しいアイデアがわいてくるだろう。
射手座の魂は「矢」だ。でも、その矢は的に早く届くために飛んでいるんじゃない。ただ空を切り裂いて飛ぶこと。それ自体の楽しみを満喫してほしい。

STARMAP
SAGITTARIUS

27

思いつきを外に出す習慣をつけよう

射手座はずっとおもしろいことを探している。「何かおもしろいことないかな？」心の中ではいつもそんな問いかけをしているし、おもしろいことをたくさん思いつけば思いつくほど、射手座は元気になってゆく。
だったら、それを毎日の習慣にしてしまおう。たとえば、ブレインストーミング。ブレストというのはアイデアをだしやすくするための技法で、やり方はとても簡単だ。テーマを決めて、4人から7人くらいのメンバーで自由にアイデアをだしていく。ポイントはとにかくたくさん提案すること、奇抜な意見を積極的にいうこと、すべてのアイデアをいいね！と肯定すること、途中で他人のアイデアに自分のアイデアを付け足していくこと。
それだけ？と思うかもしれないが、やっていると、発想のコツがわかってきて、どんどんアイデアを思いつくようになる。
あなたも仲間や同僚たちと一緒に毎日15分、ブレストをやってごらん。メンバーがそろわなければ、ひとりで紙にアイデアをたくさん書き出していく“一人ブレスト”でもいい。
射手座はもともと発想力があるから、今までだっておもしろいことをいっぱい思いついてきた。でも、思いつきは外に出さないとそのまま消えていってしまう。
アイデアを口にする習慣をつければ、あなたのおもしろいアイデアが具体的になって、それを仕事や生活、人生にいかせるようになる。ひとつのアイデアが別のアイデアと融合して、さらにおもしろいアイデアがうまれるかもしれない。
さあ、もっともっとおもしろいことを探そう。おもしろいことにたくさん出会うことが何よりも射手座の人生を充実させてゆくのだから。

STARMAP
SAGITTARIUS

28

自分のために背伸びしよう

前に向かって一直線に飛ぶ矢はけっして後ろをふりかえれない。それと同じように、何かに向かっているとき、射手座は自分自身を顧みることがほとんどできなくなってしまう。その結果、等身大の自分を見失って、他人が客観的に評価している自分よりもずっと力があると勘違いしたり、実際の自分の何倍もの大きさに見せたがったりする。心理学でいうところの“自我のインフレーション”という状態が起きてしまう。
でも、それは悪い事ばかりじゃない。何かを始めるときに自分を過信し、実力以上に大きく見せることは、スタートダッシュの原動力になることがある。たとえば、今をときめくIT企業のカリスマ経営者たちに起業の頃の話を聞くと、やったこともない仕事を「やれます」といって自分たちを売り込んでいったと話す人がとても多い。そして、仕事をもらった後に必死で勉強してなんとか納品にこぎつけていた、と。
つまり、彼らは最初に思い切り背伸びをして勢いをつけ、その背伸びに追いつくように自分たちを成長させてきたということだ。他人に力を誇示するために自分を大きく見せたり、会社や肩書きをひけらかして虎の威を借る狐のようになってしまうのはつまらないけれど、自分の成長につながるような背伸びなら、どんどんしていっていい。
それがいくら自分の実力とかけ離れていても、すごいスピードで進む力をもつあなたならきっと追いつくことができるはずだ。

STARMAP
SAGITTARIUS

29

節度を知る、限界を知る

常に新しい刺激を求めている射手座は、ひとつのものを手に入れると、次はあれも、とどんどん欲望を増殖させていく。大きく見せた自分に追いついて自信をもったら、今度はもっと大きく、とどこまでも自分を拡大させていく。
でも、増殖と拡大には限界がある。自分の欲望のままに突っ走っていたら、いつか周囲の反感を買い、穏やかな環境をこわし、あちこちで衝突が起きるだろう。ほころびが生じて、バブルがはじけるようにすべてを失ってしまう可能性だってある。
だから、射手座のこれからの課題は、節度を知ること。自分の限界をみきわめて、周囲とのバランスをとれるようになること。
射手座にそんなことができるの?とあなたは思うかもしれない。
でも、射手座には秘められた二重性がある。楽天的でポジティブなだけに見える射手座だけれど、心の奥底では春が永遠に続かないことをちゃんとわかっている。射手座の画家・パウル・クレーの描いた「忘れっぽい天使」がそうであるように、空を飛ぼうとする魂がいつか重力に引き戻されてしまうことを知っている。
その真実に真正面から向き合えば、射手座は自然と節度がわかってくる。周囲とのバランスもとれるようになる。今まではデリカシーがないといわれていたけれど、人の微妙な心情や小さな変化も感じ取れるようになるだろう。
まっしぐらに進んだ後の調和。そんなふうに成熟した射手座はこれまで以上に魅力的な人になっているはずだ。

STARMAP
SAGITTARIUS

30

冒険できる場所は
まだまだある

冒険が大好きで、いろんなことをやっているように見える射手座。でも意外に狭い範囲でしか動けていない人も少なくない。
いろんな仕事を経験してみたいといいながら接客のアルバイトばかりしていたり、世界中の料理が食べたいといいながら、エスニック料理しか食べていなかったり、たくさんの人に出会いたいといいながら、同世代の知り合いとばかりつきあっていたり。
でも、それは臆病なわけじゃなくて知らないだけ。自由で好きなことをやりたい射手座だからこそ、ほおっておくと、これまでの狭い知識と経験の中で好きだと思える方向にばかり足が向いてしまう。
でも、あなたの知らない楽しいこと、あなたがいったことのないおもしろい場所はまだまだある。アジアやアフリカだけじゃなく、ヨーロッパにも珍しい料理はたくさんあるし、和食だって奥が深い。人を相手にする仕事が好きだと思っていたけど、ものづくりの仕事もやってみたらおもしろいと感じられるかもしれない。他の国の人たちや、世代のまったくちがう人たちと交流すれば、きっとこんな文化や価値観があったのか、と驚くことになるだろう。
あなたは、未知なものに出会えば出会うほどワクワクして、やる気がわいてくる人なんだ。だからまずは視野を広げて、自分が知らないことがたくさんあることを知ろう。そして、新しい冒険に旅たとう。この世界にはもっともっと冒険できる場所があるんだから。

STARMAP
SAGITTARIUS
WORDS

ひきこもる時間というものを
大事に考えてきたということです。
自分の時間を
こま切れにされていたら、
ひとは
何ものにもなることができません。

吉本隆明　思想家
1924/11/25 生まれ

「ひきこもれ」より

STARMAP
SAGITTARIUS
WORDS

夢を捨ててはいけない。
夢がなくても、
この世にとどまる
ことはできる。
しかし、そんな君は
もう生きることを
やめてしまったのだ。

マーク・トウェイン　作家
1835/11/30 生まれ

STARMAP
SAGITTARIUS

後悔なく
生きるために。

【エピローグ】

射手座にとって生きるとはどういうことか？
あなたの未来がより輝くために、
あなたの人生がより豊かなものになるために、
射手座が後悔なく生きてゆくために、大切なこと。

STARMAP
SAGITTARIUS

31

あなたの冒険に
ゴールはない

射手座の自由な魂。
臆することなく、大海に漕ぎ出し、
のびやかに、大空を駆けめぐる。

ゴールは見えなくても何も恐くない。
だって、心の底から信じているだろう。
この世界が善きものであることを、
自分がどこまででも飛んでゆけることを。

だけど、射手座は気づいている。
重力の存在も、本当は知っている。
いつか矢が止まって
落ちてしまうかもしれない。
いつか青春が終わりを
告げるかもしれない。

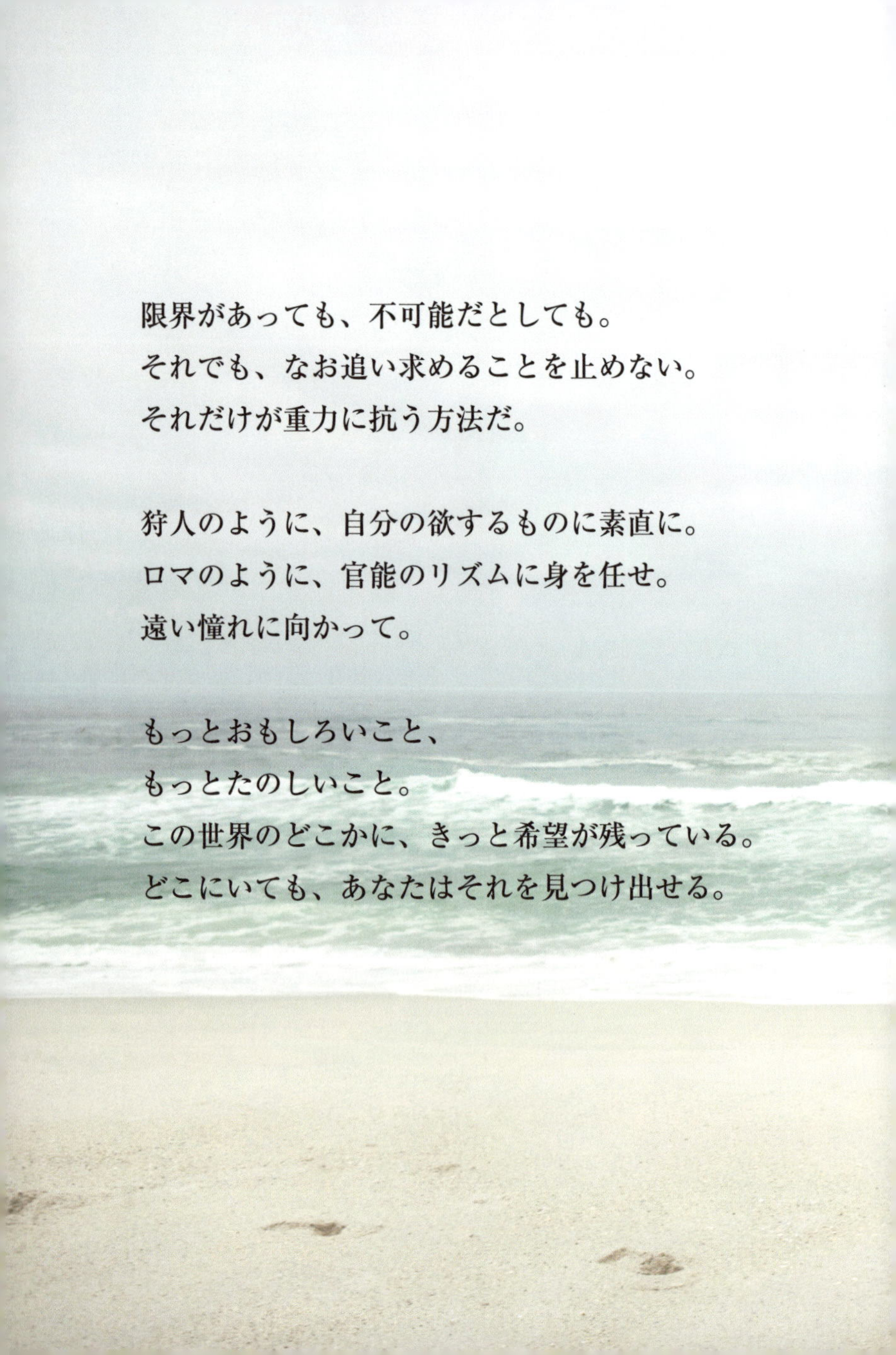

限界があっても、不可能だとしても。
それでも、なお追い求めることを止めない。
それだけが重力に抗う方法だ。

狩人のように、自分の欲するものに素直に。
ロマのように、官能のリズムに身を任せ。
遠い憧れに向かって。

もっとおもしろいこと、
もっとたのしいこと。
この世界のどこかに、きっと希望が残っている。
どこにいても、あなたはそれを見つけ出せる。

はるかな天に向かって
風を切ってゆく、射手座の矢。
ゴールはない。
手に入らないかもしれない。
でも、希望に向かって、
飛んでゆくそれ自体が、射手座だ。

あなたの冒険は終わらせるな。
そうすれば、どこまでも、
どこまでも飛んでゆける。

射手座はこの期間に生まれました。

誕生星座というのは、生まれたときに太陽が入っていた星座のこと。
太陽が射手座に入っていた以下の期間に生まれた人が射手座です。
厳密には太陽の動きによって、星座の境界は年によって1〜2日変動しますので、
生まれた年の期間を確認してください。(これ以前は蠍座、これ以降は山羊座です)

生まれた年	期間（日本時間）
1936	11/22 20:25〜12/22 09:26
1937	11/23 02:16〜12/22 15:21
1938	11/23 08:06〜12/22 21:12
1939	11/23 13:58〜12/23 03:05
1940	11/22 19:49〜12/22 08:54
1941	11/23 01:38〜12/22 14:43
1942	11/23 07:30〜12/22 20:38
1943	11/23 13:21〜12/23 02:28
1944	11/22 19:08〜12/22 08:14
1945	11/23 00:55〜12/22 14:03
1946	11/23 06:46〜12/22 19:52
1947	11/23 12:38〜12/23 01:42
1948	11/22 18:29〜12/22 07:32
1949	11/23 00:16〜12/22 13:22
1950	11/23 06:03〜12/22 19:12
1951	11/23 11:51〜12/23 00:59
1952	11/22 17:36〜12/22 06:42
1953	11/22 23:22〜12/22 12:31
1954	11/23 05:14〜12/22 18:23
1955	11/23 11:01〜12/23 00:10
1956	11/22 16:50〜12/22 05:59
1957	11/22 22:39〜12/22 11:48
1958	11/23 04:29〜12/22 17:39
1959	11/23 10:27〜12/22 23:33
1960	11/22 16:19〜12/22 05:25
1961	11/22 22:08〜12/22 11:19
1962	11/23 04:02〜12/22 17:14
1963	11/23 09:50〜12/22 23:01
1964	11/22 15:39〜12/22 04:49
1965	11/22 21:29〜12/22 10:40
1966	11/23 03:14〜12/22 16:27
1967	11/23 09:05〜12/22 22:16
1968	11/22 14:49〜12/22 03:59
1969	11/22 20:31〜12/22 09:43
1970	11/23 02:25〜12/22 15:35
1971	11/23 08:14〜12/22 21:23
1972	11/22 14:03〜12/22 03:12
1973	11/22 19:54〜12/22 09:07
1974	11/23 01:39〜12/22 14:55
1975	11/23 07:31〜12/22 20:45

生まれた年	期間（日本時間）
1976	11/22 13:22〜12/22 02:35
1977	11/22 19:08〜12/22 08:23
1978	11/23 01:05〜12/22 14:20
1979	11/23 06:55〜12/22 20:09
1980	11/22 12:42〜12/22 01:56
1981	11/22 18:37〜12/22 07:50
1982	11/23 00:24〜12/22 13:38
1983	11/23 06:19〜12/22 19:29
1984	11/22 12:11〜12/22 01:22
1985	11/22 17:51〜12/22 07:07
1986	11/22 23:45〜12/22 13:02
1987	11/23 05:30〜12/22 18:46
1988	11/22 11:13〜12/22 00:28
1989	11/22 17:05〜12/22 06:22
1990	11/22 22:48〜12/22 12:07
1991	11/23 04:36〜12/22 17:53
1992	11/22 10:27〜12/21 23:43
1993	11/22 16:08〜12/22 05:26
1994	11/22 22:07〜12/22 11:22
1995	11/23 04:02〜12/22 17:17
1996	11/22 09:50〜12/21 23:06
1997	11/22 15:48〜12/22 05:07
1998	11/22 21:35〜12/22 10:56
1999	11/23 03:26〜12/22 16:44
2000	11/22 09:20〜12/21 22:37
2001	11/22 15:01〜12/22 04:21
2002	11/22 20:55〜12/22 10:14
2003	11/23 02:44〜12/22 16:04
2004	11/22 08:23〜12/21 21:42
2005	11/22 14:16〜12/22 03:35
2006	11/22 20:02〜12/22 09:21
2007	11/23 01:50〜12/22 15:07
2008	11/22 07:44〜12/21 21:03
2009	11/22 13:22〜12/22 02:46
2010	11/22 19:14〜12/22 08:37
2011	11/23 01:08〜12/22 14:29
2012	11/22 06:50〜12/21 20:11
2013	11/22 12:48〜12/22 02:10
2014	11/22 18:38〜12/22 08:02
2015	11/23 02:25〜12/22 13:47